MÉMOIRES

DE LA REINE D'ÉTRURIE.

MÉMOIRES

DE LA REINE D'ÉTRURIE,

ÉCRITS PAR ELLE-MÊME;

TRADUITS DE L'ITALIEN

PAR M. LEMIERRE D'ARGY,

INTERPRÈTE ASSERMENTÉ DES LANGUES ÉTRANGÈRES PRÈS LA COUR DE CASSATION ET LE CONSEIL ROYAL DES PRISES.

A PARIS,

CHEZ CHAUMEROT JEUNE, libraire au Palais-Royal.

Août 1814.

cette traduction, j'ai eu seulement le dessein de faire connaître ma profession.

A l'Oratoire, le 9 août 1814.

MÉMOIRES

DE LA REINE D'ÉTRURIE.

Marie-Louise de Bourbon, fille de Charles IV, roi d'Espagne ;

A l'âge de treize ans et demi, j'ai été mariée à l'infant don Louis de Bourbon, fils aîné du duc de Parme; néanmoins je continuai à résider en Espagne, comme princesse de Parme, avec mes parents et mes frères, parfaitement heureuse dans mon union avec mon époux, que j'aimais avec tendresse, et qui répondait à mes affections. Après six ans de mariage, j'eus un fils auquel nous donnâmes le nom de Charles-Louis, mon père l'ayant tenu sur les fonts. C'est ainsi que nous passâmes sept années, au bout desquelles il me fut intimé qu'il avait été fait un traité, par lequel mon époux était appelé au trône de Toscane, avec le titre de roi d'Étrurie. Cette nouvelle me causa la plus grande surprise, d'autant plus que je ne connaissais rien du traité que l'on disait avoir été conclu.

Bientôt après cette communication, je reçus des instructions pour quitter l'Espagne, afin de me rendre en Toscane ; ce qui eut lieu en avril 1801. Ma douleur fut extrême à cette séparation de ma famille, et de mon pays natal, auquel j'étais, comme je le suis encore, très-sincérement attachée. Je dois maintenant parler d'une circonstance qui n'a pas laissé que de m'inspirer de vives inquiétudes au commencement de mon voyage. Le prince de la Paix vint rendre visite à mon époux, dans un moment où je me trouvais avec lui ; prenant bientôt occasion de parler de notre départ, il lui dit qu'il était nécessaire qu'il prît le chemin de Paris, parce que le premier consul le désirait, « pour voir (ce mot lui échappa) quel effet produirait en France la présence d'un Bourbon. » Mon époux et moi nous frissonnâmes à ce discours, parce qu'il paraissait qu'on se souciait fort peu de mettre nos jours en danger, en nous exposant dans un pays où il avait déjà été fait un massacre si atroce de notre famille. Les observations que nous pûmes faire n'eurent aucun succès, et nous fûmes forcés de prendre notre route par Paris. Jusqu'à la frontière espagnole, je fus accompagnée par les gardes et la maison entière du roi, mon père; mais, à mon entrée en France, à mon grand regret, tous les Espagnols eurent ordre de me quitter, à l'exception de quatre ou cinq gentils-hommes et de mon confesseur, que, par une extrême faveur, on me permit d'emmener avec moi à Florence; et, à la place de ceux que l'on congédia, nous fûmes rejoints par un général français, qui nous accompagna jusqu'à Paris, avec une garde composée de soldats français, et nous logea à l'hôtel du ministre d'Espagne. Ici l'on nous traita avec les plus grands égards, et nous reçûmes nombre d'invitations à des fêtes et à des spectacles, dont je n'étais guères en état de jouir, la fièvre-tierce m'ayant saisie immédiatement à mon arrivée, en sorte qu'il me fallut garder presque toujours le lit. Nous restâmes à Paris environ vingt jours, ensuite nous prîmes la route de Toscane, escortés par un autre général français. Ce voyage nuisit beaucoup à notre santé. Mon époux n'avait jamais été bien depuis son séjour à Paris, et ma fièvre continuait. Dans cet état, nous arrivâmes à Parme, et alors la tendresse que me témoignèrent les parents de mon époux, le duc et la duchesse de Parme, et les princesses ses sœurs, me rendirent, en quelque sorte, au bonheur. Je n'étais pas néanmoins entièrement rassurée ; mon fils, qui n'avait pas encore un an, avait beaucoup souffert des difficultés de ce voyage ; et par la crainte et la fatigue que sa nourrice avait éprouvées, son lait s'aigrit et lui devint si contraire, que, pendant quelque temps, je craignis à tout moment de le perdre : mais, grâce à Dieu, il recouvra la santé, et au bout de trois semaines que nous passâmes dans cette ville, nous partîmes pour Florence. J'éprouvai une affliction réelle en quittant le duc et la duchesse, que j'aimais sincèrement, et qui me payaient de retour.

Nous arrivâmes à Florence le 12 août 1801; les états de Toscane étaient déjà occupés par les troupes françaises, sous le commandement du général Murat, et le comte Cæsar Ventura en avait pris possession en notre nom.

Aussitôt après mon arrivée, j'eus le malheur de faire une fausse-couche, et la santé de mon époux allait toujours en déclinant. Nos cœurs étaient un peu oppressés, parce que le peuple, voyant que nous entrions dans le royaume, entourés de troupes françaises, crut que nous étions du même parti; nous eûmes de plus la mortification de trouver le palais dépourvu de tout; une partie des effets avait été emportée par l'ancienne cour, et, depuis son départ, ceux qui lui succédèrent, avaient complété le démeublement en prenant ce qui restait; de sorte que, pendant quelque temps, nous fûmes obligés d'avoir recours à la noblesse qui nous fournit des chandeliers, de la vaisselle, et autres objets de première nécessité. C'est la première fois qu'une fille du roi d'Espagne, accoutumée à être servie dans l'or et l'argent, s'est vue forcée de manger dans des vases de terre. Bientôt après vinrent le nonce du pape, et le ministre d'Autriche, le général Colli; la cour de Vienne ayant été la première à nous reconnaître, après la France.

Le premier soin de mon époux fut de chercher à faire partir les troupes françaises qui occupaient toujours la Toscane, et pesaient grandement sur le peuple; mais il n'y put réussir. On le refusa sous divers prétextes, d'abord parce que nous n'avions pas de troupes qui nous appartinssent, et ensuite on prétendit qu'elles étaient nécessaires pour la sûreté du pays. En un mot, tout ce que nous pûmes obtenir, fut qu'aussitôt qu'une garde de nobles serait établie, les troupes françaises sortiraient de la capitale; car elles ne quittèrent jamais Livourne, et

Pise, le reste de mes états. Notre cour se forma par degrés, mais je ne pus obtenir la permission de la cour d'Espagne d'avoir seulement une dame espagnole à ma suite, celles qui m'avaient accompagnée à Florence, ayant été rappelées par ordre de mes parents, un mois après notre arrivée.

La santé de mon époux déclinait rapidement. Il avait été d'abord attaqué de la fièvre tierce; il commenca alors à sentir des douleurs de poitrine, et bientôt après il lui prit une toux violente et opiniâtre, qui le réduisit à n'être plus qu'une ombre. Plusieurs médecins furent appelés; on essaya plusieurs remèdes, mais rien ne parut lui apporter du soulagement. Il resta dans ce triste état le reste de l'été et tout l'hiver. Au printemps de 1802, nous reçûmes la nouvelle du prochain mariage de mon frère et de ma sœur, et mes parents m'écrivirent que la cérémonie aurait lieu dans l'automne, et qu'ils désiraient quc nous y vinssons. Nous nous rendîmes en conséquence à Pise, vers le milieu de septembre, dans l'état le plus déplorable, mon époux étant toujours souffrant, et moi-même m'attendant chaque jour à faire mes couches. A Pise, je me trouvai très-indisposée, et la maladie de mon époux augmenta à un tel degré, que nous fûmes obligés de nous arrêter un mois avant d'aller plus loin. Enfin, se trouvant un peu mieux, nous nous embarquâmes, et il n'y avait pas plus de deux jours que nous étions en mer, que je me sentis en travail, et j'accouchai d'une fille. Deux jours après nous atteignîmes Barcelone; mais en conséquence de la prolongation de notre séjour à Pise, nous arrivâmes trop tard pour la célébration du mariage, qui avait eu lieu avant que nous fussions sur la route de cette ville. Immédiatement après notre arrivée, mon père vint me rendre visite, et il fut décidé que j'irais à terre le jour suivant, ce qui se fit. Comme c'était seulement trois jours après ma délivrance, on m'enleva sur le lit même dans lequel j'étais, et on me transporta dans le canot par un des sabords du navire. Étant à terre, on me plaça dans une sorte de litière, et c'est ainsi que j'arrivai au palais. Le jour suivant ma fille fut baptisée, et reçut les noms de Louise-Charlotte, selon le désir de mes parents qui la tinrent sur les fonts.

Quelques jours après notre arrivée, nous reçûmes la nouvelle de la mort du duc de Parme, mon beau-père; ce fut une grande affliction pour mon époux, qui était alors extrêmement malade, sa toux ayant tellement augmenté, que les médecins espagnols jugèrent convenable de le renvoyer immédiatement à Florence, où du moins il serait tranquille.

Il s'était à peine passé trente jours depuis notre arrivée, lorsque leurs majestés jugèrent à propos de faire un voyage, et insistèrent sur ce que je vinsse avec elles. Nous allâmes ensemble à Carthagène, où mon époux et moi devions nous embarquer pour la Toscane; mais par suite de mes dernières couches, je souffris beaucoup de ce voyage par terre, et mon époux en fut aussi extrêmement fatigué. Ainsi, sans avoir éprouvé aucun plaisir, mais au contraire beaucoup de peine, nous nous embarquâmes à Carthagène, le jour des Innocents, et dans le golfe de Lyon nous fûmes assaillis par une tempête qui dura douze heures. Enfin nous abordâmes à Livourne, le . . . . . et de là nous retournâmes à Florence. Ces déplacements continuels ne firent qu'augmenter la maladie de mon époux, et le 27 mai, cinq mois après mon retour d'Espagne, je demeurai veuve, à l'âge de vingt-un ans, avec deux enfants. Avant sa mort, mon mari fit un testament, dans lequel il me recommanda à ses enfants, dont il me nomma tutrice, en m'instituant aussi régente du royaume d'Étrurie.

Lorsque je pris les rênes du gouvernement, ma seule pensée fut de faire le bonheur de mes sujets; mais, très-peu de temps après, j'eus le malheur d'apprendre que la peste s'était déclarée à Livourne, et que plusieurs personnes en avaient été victimes. Je me trouvais véritablement heureuse d'avoir de si bons sujets, qui m'aimaient tendrement, et à qui, certes, je rendais la pareille. Néanmoins, contre mon inclination, je jugeai nécessaire de leur demander de fortes contributions, pour soutenir les dépenses que les troupes françaises exigeaient de nous impérieusement, depuis qu'elles continuaient d'occuper le pays, sans aucune nécessité, malgré toutes les représentations que nous fîmes pour en être délivrés. A la fin, cependant, j'obtins que la cour d'Espagne enverrait un général espagnol avec des forces de cette nation pour les remplacer, et qu'alors les troupes françaises évacueraient le pays. Je jouis alors d'une tranquillité parfaite. Le roi, mon fils, devenait tout ce que je pouvais désirer, bon, docile, et il annonçait un caractère très-noble. Il faisait de grands progrès dans ses études; sa santé était robuste, et chaque jour voyait croître la tendre affection que ses sujets bien-aimés lui portaient. Ma seule ambition était d'être un jour capable de lui faire remarquer la différence entre l'état déplorable dans lequel j'avais trouvé le royaume, et celui dans lequel j'espérais de le remettre entre ses mains. Mais au milieu de cette perspective, au milieu de mon bonheur, un coup mortel m'était réservé. Le 23 novembre 1807, étant à l'une de mes maisons de plaisance, le ministre français vint m'annoncer que l'Espagne avait fait cession de ce royaume à la France; qu'il était nécessaire que je partisse, les troupes françaises qui avaient ordre d'occuper ces domaines étant déjà arrivées. Je dépêchai immédiatement un courrier en Espagne, n'ayant été prévenue en rien de ce qui venait de se passer. La réponse fut que j'eusse à hâter mon départ, le pays ne m'appartenant pas, et que je trouverais de la consolation dans le sein de ma famille. Ce ne fut pas néanmoins cet ordre qui me fit partir, mais l'entrée des troupes françaises dans la capitale même; et c'est ainsi, que contre mes intentions et ma volonté, je fus forcée de quitter le royaume. Les Français firent une proclamation au moment de notre départ, déliant nos sujets du serment de fidélité; mais rien de tout cela ne pouvait être valide, d'abord, parce que cette mesure était l'ouvrage de la force, ensuite parce qu'elle était fondée sur une base sans consistance. De cette manière, le 10 décembre, dans la plus rude saison, je pris congé d'un pays où mon cœur est toujours resté depuis. Pendant le voyage, on me communiqua qu'on avait l'intention de me donner, en compensation de la Toscane, une partie du Portugal; mais cette offre ne fit qu'accroître mon affliction, et je hâtai mon départ, afin de pouvoir me jeter aux pieds de mes parents, et leur dire que, quelque traité qui pût avoir été conclu, je ne désirerais, ni ne voudrais accepter aucune souveraineté sur un état appartenant à un autre souverain, encore moins sur un état qui appartenait à une de mes sœurs et à un proche parent; enfin, pour leur donner à entendre que je désirais retourner en Toscane.

Le 19 février 1808, nous arrivâmes sans accident au palais d'Aranjuez, où, après avoir joui de la satisfaction de revoir mes parents et mes frères, ma première pensée fut de prendre des informations concernant le traité. Ils me répondirent qu'ils avaient été trompés, et qu'il n'existait aucun traité quelconque. Je ne puis cacher que, d'un côté, je restai comme frappée de la foudre à la découverte de l'horrible trahison commise contre nous, tandis que, de l'autre, cette même découverte m'apporta quelque consolation, et m'encouragea à renouveler mes instances pour obtenir la permission de retourner dans ma chère Toscane. Dans le cours de mes démarches, la renonciation de mon père à sa couronne eut lieu, et mon frère fut proclamé son successeur. Je lui fis les mêmes instances, et j'en avais obtenu la promesse la plus solennelle que mon vœu serait accompli, lorsque, par une seconde trahison, il fut emmené à Bayonne, et on nous força tous à le suivre.

Je quittai Madrid le 3 mai, à peine guérie de la rougeole dont je venais d'être attaquée. J'ignorais entièrement ce qui s'était passé; et les premières paroles que mes parents me dirent en arrivant à Bayonne, furent celles-ci : « Vous devez savoir, ma fille, que notre famille a cessé pour jamais de régner. » A ces mots, je crus que j'allais expirer. Je ne savais pas ce qui pourrait avoir lieu, ne m'étant jamais figuré la possibilité d'une telle occurrence. Je pris congé de mes parents, et me retirai dans ma chambre plus morte que vive.

Bonaparte étant en ce moment à Bayonne, je demandai la permission de le voir, et d'ouvrir une négociation pour mon retour en Toscane ; mais on me répondit par un *non* fort sec. Je tâchai alors d'obtenir au moins la restitution de Parme, ce qui me fut aussi refusé. Enfin, tandis que j'employais tous les moyens que je pouvais imaginer pour recouvrer au moins un des deux états qui nous appartenaient, et dont nous avions été dépouillés par le plus noir stratagême, il transpira cet événement si funeste, si inattendu, ce traité de Bayonne, dans lequel on stipula une assignation annuelle de 400,000 francs pour la cession faite par le roi Charles IV du royaume d'Espagne à

Napoléon. En exécution de ce cruel traité, mes frères, le roi Ferdinand VII, et l'infant don Carlos, avec mon oncle l'infant don Antoine, nous reçûmes ordre d'aller à Valençay, ce qui eut lieu quelques jours après. Mes parents, avec l'infant François-Antoine partirent pour Fontainebleau, et moi, avec mes enfants, je fus forcée de les suivre.

Nous arrivâmes à Fontainebleau, après un voyage des plus pénibles, le . . . . . et nous fûmes logés dans le palais, où mon père et ma mère étaient déjà établis ; on leur avait même assigné le service entier de la cour impériale ; dames, gentils-hommes, gardes, tout était à leur disposition.

Nous, d'un autre côté, nous n'eûmes qu'un misérable petit appartement où je résidai avec ma famille ; mon principal soin alors fut de trouver quelque maison de campagne où je pourrais vivre tranquille avec mes enfants, et le petit nombre de personnes que j'avais auprès de moi ; car j'avais dit moi-même à Bonaparte, pendant notre séjour à Bayonne, que je pensais qu'il valait mieux être séparée de mon père et de ma mère, et vivre dans une maison à moi, avec un établissement distinct, conformément aux circonstances où je me trouvais; et il parut approuver ce projet. En conséquence, dès les premiers moments de mon arrivée à Fontainebleau, je cherchai à réaliser mon projet; enfin, après beaucoup de difficultés, je réussis à trouver une jolie maison, appelée *Passy*. Je la louai et la meublai pour une année, et définitivement je fixai un jour pour m'y rendre, les propriétaires désirant m'offrir un dîner pour ma réception. Mes parents, qui étaient pleinement instruits de tout cet arrangement, exprimèrent leur entière satisfaction, et ils parlaient sans cesse de me rendre visite, disant que c'était un plan très-convenable. Moi, qui poursuivais mes préparatifs avec la plus parfaite innocence, je ne pouvais m'imaginer que ces démonstrations de bonne volonté étaient simulées, néanmoins je commençai à concevoir des doutes, lorsqu'au moment même de mon départ, on me refusa des chevaux de poste, sous prétexte qu'il n'y en avait pas pour l'instant. Je fis donc venir des chevaux de louage, et pris congé de mes parents le soir même, et dans la matinée du jour où j'étais attendue à ma nouvelle maison, je montai dans ma voiture avec mes enfants ; mais à peine eûmes-nous atteint la porte intérieure du palais, que je fus arrêtée et forcée de retourner, accompagnée d'un général, qui, avec l'apparence de la douleur, m'informa qu'il avait reçu l'ordre de m'arrêter, et de placer des sentinelles dans la cour de mon logement, ce qui eut lieu. Ainsi, à ma confusion, il me fallut pourvoir à des dépenses auxquelles mes moyens ne répondaient pas ; car les propriétaires de la maison insistèrent sur ce que je les satisfisse, et m'obligèrent de leur payer une année entière de location, comme si j'en eusse eu actuellement la jouissance, outre que je devins responsable de tous les frais qu'ils avaient avancés pour mettre cette maison en état de me recevoir. Je m'efforçai de me montrer supérieure à toutes ces circonstances ; mais les forces physiques ne sont pas à notre commandement, et les miennes avaient été tellement épuisées, que je commençai dès-lors à éprouver les accès convulsifs, auxquels j'ai été sujète trois ans après, et pendant lesquels je n'étais pas maîtresse de moi. Toutes les personnes appartenant à la cour de France, depuis le plus haut rang jusqu'au dernier, étaient touchées d'un pareil traitement, et avaient pitié de mes misères, tant de corps que d'esprit ; ceux que les liens du sang rapprochaient le plus de moi, étaient les seuls qui montrassent de l'indifférence sur ma détresse. Ils me disaient que c'était l'affaire de Bonaparte, et que je devais lui écrire ; je le fis : mais la réponse que je reçus, fut telle que je devais l'attendre, « que j'avais tort, et que mes parents avaient raison. » Quelques jours après, ils reçurent l'ordre de se rendre à Compiègne, et l'on m'enjoignit de les suivre ; ce que je fis, en trouvant mille inconvénients sur la route. Nous arrivâmes dans cette ville le 18 juin. Mon père et ma mère avaient seuls le commandement et la jouissance du palais, des jardins, des bois et de toutes les dépendances. Quant à nous, ils nous assignèrent un appartement donnant sur la cour, le plus triste et le plus incommode qu'ils purent trouver.

A notre arrivée dans cet endroit, je demandai le payement du premier mois de notre pension; mais j'appris avec étonnement que le gouvernement avait jugé à propos de retenir 12,000 francs par mois pour payer les frais de notre voyage et autres dépenses, quoiqu'il parût au moins convenable que celles de notre transport de Bayonne à Compiègne fussent défrayées par la France. Aucune représentation néanmoins ne fit prévaloir nos droits, et je fus obligée de me soumettre à cette retenue, outre que je ne pus jamais obtenir une pension quelconque pour mes enfants, bien qu'ils fussent aussi infants d'Espagne. Ainsi 33,000 fr. par mois devaient suffire pour me soutenir, moi, mes enfants etma maison. Dans cet état de choses, affligée et malheureuse de tous côtés, ma santé s'affaiblit de jour en jour. Le médecin, qui savait que ma maladie était l'effet de la mélancolie, m'ordonna de prendre de l'exercice à cheval, et quelquefois d'aller à la chasse. J'adoptai sa première ordonnance, celle de l'exercice à cheval, aussitôt que ma pension du mois me mit en état d'acheter un cheval, et jusqu'alors je me contentai de me promener avec mes enfants, quoique ce fût dans la plus chaude saison de l'année, et que tout le monde allât ou sur de beaux chevaux ou en voiture. Quant à la seconde ordonnance, celle de la chasse, comme le bois appartenait à mon père et à ma mère, je leur demandai une permission qui me fut d'abord accordée; mais avant que je pusse en profiter, la permission fut révoquée. Je ne fus pas peu blessée de ce traitement désobligeant, pour ne pas dire cruel (1). Le

(1) On ne conçoit pas le motif de cette rigueur du roi et de la reine d'Espagne à l'égard de leur fille, à moins qu'on ne l'attribue au bruit qui courait d'une liaison intime de cette princesse avec un

capitaine des chasses m'offrit une petite pièce de terre dans un petit bois qui était sa propriété, en me disant : « Eh bien ! vous serait-il » agréable d'aller dans un terrain qui n'appartient ni à l'Empereur ni au roi d'Espagne, mais à moi seul ? Je vous prie » d'accepter ma proposition. » Je l'acceptai en effet, et de temps à autre je visitai l'endroit. Je passai de cette manière le reste de juin, tout juillet et août, après quoi on commença à parler du projet de LL. MM. de quitter leur résidence actuelle, en raison de la santé de mon père, car on supposait que le climat ne lui convenait pas, et ils avaient obtenu la permission d'aller à Marseille. Ils me déclarèrent alors que c'était leur volonté absolue que je les accompa-

---

de ses gentils-hommes. Bonaparte accréditait ce bruit, qui n'était qu'une pure calomnie, et feignait de partager l'indignation des parents de Marie Louise; mais, au fond, il se moquait de tout cela, et son but était de ne pas payer la pension qu'il avait promise à la reine d'Étrurie.

(*Note du traducteur.*)

gnasse encore, et ils employèrent toutes les persuasions qui étaient en leur pouvoir pour m'y engager. Mais cette fois, je réussis à rester où j'étais, en leur faisant entendre que ma famille, mes intérêts et mes priviléges étaient entièrement distincts des leurs, et qu'il valait mieux en conséquence que nous fussions séparés. Enfin, ils partirent le 16 septembre, et je restai dans le palais après eux. Je renouvelai alors mes instances pour une augmentation de pension; et à cet effet, j'envoyai diverses personnes, de temps en temps, avec des lettres pour l'empereur, qui établissaient ma demande; mais il n'y fit que des réponses ambiguës et nullement concluantes, ou bien il n'en fit pas du tout. A la fin cependant il vint un ordre pour que je me retirasse à Parme, où, disait-on, le palais de Colorno m'était assigné avec toutes ses dépendances; et le maréchal Duroc, duc de Frioul, informa mon chambellan qui était venu lui parler de mes affaires, que Bonaparte voulait que je me rendisse à Parme; qu'il m'avait donné le palais, et qu'immédiatement après notre arrivée, ma pension par mois serait augmentée jusqu'à la concurrence de 50,000 fr.

D'un autre côté, on insista sur ce que nous eussions à partir le 5 avril, et il ne me servit de rien de prouver que mon fils était sérieusement malade (ce qui était réel), et que moi-même, qui avais été également indisposée, étais seulement en convalescence; tout cela ne suffit pas pour retarder notre départ d'un seul jour; il eut lieu le 5 avril, neuf mois après notre arrivée à Compiègne. Précisément au moment de notre départ, je reçus une lettre de Napoléon, qui me souhaitait un bon voyage, et disait que je causerais beaucoup de plaisir au pays que j'allais habiter, mais sans dire le nom de ce pays.

Ainsi commença notre voyage, qui fut heureux jusqu'à Lyon, où, à mon grand étonnement, je trouvai que mes gens avaient été envoyés avant moi, et que l'hôtel où je descendis était entouré par des gendarmes. Le commissaire de police nous rendit une visite, et il fut suivi du préfet qui me présenta un ordre du gouvernement, portant que je devais aller à Nice et non pas à Parme; le préfet ajouta, d'un air très-péremptoire, qu'il était convenable que je repartisse immédiatement, quoiqu'il fût alors minuit. Néanmoins nous obtînmes la permission de rester où nous étions, jusqu'au matin, mais ils ne nous quittèrent pas tant que nous restâmes dans l'endroit. Ce commissaire de police resta toute la nuit dans l'anti-chambre, et les gendarmes attendaient en bas. Nous partîmes le jour suivant, mais on nous fit aller jusqu'à Avignon par eau; et quoiqu'on nous eût procuré un bateau à nos dépens, nous fûmes obligés de *cheminer*(1), absolument d'après leur volonté et leur bon plaisir, saisis par le froid, maltraités, souffrant même la faim; et tout cela, parce que je me plaignais que le lieu de ma destination avait été changé.

---

(1) Cette expression se trouve dans l'original.

Nous continuâmes notre voyage trois jours par eau ; alors nous prîmes la route par terre à Avignon ; et enfin, le 18 avril, nous arrivâmes à Nice. De cette ville, je fis de pressantes instances auprès du gouvernement pour obtenir l'augmentation de la pension qu'on m'avait promise à mon arrivée à Parme ; mais toutes les supplications, toutes les remontrances furent inutiles, et on adopta le système de ne point me répondre. J'étais alors dans une affliction réelle : on n'avait aucun égard pour ma famille ; mais l'ordre le plus indifférent, qui arrivait sur notre compte, était exécuté avec une rigueur qui me tenait sans cesse dans un état d'alarme et de terreur. Ce qui me tourmentait le plus, c'était de voir la vie de mon fils au pouvoir d'un tyran aussi atroce. Cette agitation constante, et l'incertitude sur tous les moyens de subsistance, dépendant en effet du caprice d'un homme qui s'était montré si déloyal dans l'observance de ses promesses, et qui ne se faisait pas scrupule de nous promener de ville en ville, avec toutes les circonstances possibles de détresse et d'inconvenance, jointes à la tentation que donnait l'aspect de la mer, me firent concevoir le projet de m'arracher moi et mes enfants à la tyrannie de cet homme, et de nous jeter dans les bras de l'Angleterre, dans l'espoir que, comme elle a été de tous temps l'asyle et la consolation des princes infortunés, elle prendrait sous sa protection cette famille malheureuse, qui était devenue le jouet du tyran, et était abandonnée du monde entier. Je pris toutes les mesures que je crus propres à faire réussir mon projet; mais, malheureusement, comme j'étais précisément sur le point de l'effectuer (nous étions alors au . . . d'avril), vers une heure après minuit, le colonel de la gendarmerie entra dans ma maison avec un détachement, tandis que d'autres hommes de sa brigade escaladaient les deux murs du jardin. Ma résidence était ainsi devenue tout-à-coup une cour de justice. Les soldats étaient armés de menottes, de cordes, et de deux sacs. Ils entrèrent sous prétexte qu'un Anglais était caché dans l'intérieur. Des sentinelles furent placées à chaque porte, et on fit une perquisition sévère dans toute la maison. Ils s'emparèrent de tous les papiers qui leur convinrent, et emmenèrent mon écuyer et mon maître-d'hôtel, qui furent envoyés prisonniers à Paris. Quant à moi, ma pension fut suspendue. Le gouvernement, qui avait découvert mon projet, le laissa aller jusqu'au moment de l'exécution, et alors s'ensuivit cette insulte, plus grande qu'aucune de celles qu'on aurait pu faire au plébéïen le plus coupable, celle de voir ma maison remplie d'officiers de police, qui y restèrent deux heures entières. Après cela, quatre mois se passèrent pendant lesquels l'offense parut être oubliée.

Quand je vis que mes espérances avaient complètement échoué, j'écrivis à Bonaparte lui-même, l'assurant que le blâme devait retomber entièrement sur moi, et disculpant tous ceux qui étaient soupçonnés d'avoir pris mes intérêts.

Quatre mois s'étaient écoulés depuis ces

représentations, quand j'appris qu'une persécution publique avait commencé contre moi, précédée d'une commission militaire. Au bout de quelques jours, le 2 août, lorsque je revenais de l'église, où j'avais été pour assister au jubilé, je trouvai le commissaire de police, ayant à la main ma sentence, qui avait été publiquement prononcée à ma grande confusion; après l'avoir lue, il m'annonça que, par la clémence de l'empereur, je serais seulement renfermée dans un monastère, avec ma fille, et que l'on enverrait mon fils à mon père et à ma mère.

Il n'y eut que vingt-quatre heures d'intervalle entre cet ordre et son exécution. Dans un aussi petit espace de temps, je fus condamnée à me séparer d'un fils que j'aimais tendrement, d'une maison qui perdait tout en me perdant, et de toutes mes propriétés que je laissais entre les mains des barbares. Je voyageai nuit et jour avec mes filles, et seulement une dame pour nous accompagner, outre une femme de service et un médecin; et pour compléter notre compagnie, nous eûmes ce misérable de commissaire, qui montra une insensibilité brutale, quand il vit les larmes que je répandais pour mon fils, qui venait d'être arraché de mes bras. Toutes les duretés qu'il put me faire éprouver dans le cours de notre voyage, il les employa; et nous fûmes de plus exposés aux insultes de la populace, qui ne vit qu'une voiture remplie de femmes que suivait un officier de police. C'est ainsi qu'au bout de dix jours nous arrivâmes à Rome, dans la soirée. A la dernière poste, je fus remise aux soins du commissaire de police romain; et vers les neuf heures du soir, nous arrivâmes au monastère, où la prieure, avec un simple bougeoir, vint à la porte pour nous recevoir; et ni lit, ni souper, ni chambre n'étaient préparés pour la reine d'Étrurie et sa fille. Je restai deux ans et demi dans ce monastère, sans voir personne, sans parler à qui que ce fût, et sans qu'il me fût permis d'écrire, ou de recevoir des nouvelles, pas même de mon propre fils. On me mit dans une chambre qui donnait sur la cour intérieure, et il m'était défendu de me placer à aucune des fenêtres extérieures. Ce fut précisément un mois après mon entrée dans le couvent que Janet, intendant de la trésorerie, vint me visiter, et me prendre le peu de bijoux que j'avais apportés avec moi ; après quoi, on m'assigna une pension de 2,500 francs par mois pour mon entretien. J'avais passé onze mois dans le couvent, quand mes parents vinrent avec mon fils à Rome, le 16 juillet. J'espérais que ma liberté suivrait immédiatement leur arrivée ; mais bien loin de cela, au lieu de diminuer la rigueur avec laquelle j'étais gardée, on me plaça sous des ordres plus stricts, et même on poussa la sévérité jusqu'à empêcher mon père et tous les membres de ma famille, d'approcher eux-mêmes du couvent, ou d'y envoyer aucun exprès. Une fois par mois seulement, et même quelquefois à de plus longs intervalles, le général Miollis amenait mes parents et mon fils pour me rendre visite ; mais je ne pouvais donner qu'un seul baiser à cet enfant chéri ; je ne pouvais même le regarder qu'à quelque distance, et toujours en présence de témoins. Ces visites, aussi rares que l'était l'indulgence, ne duraient qu'un quart d'heure, ou vingt minutes au plus. Je demeurai dans cette triste situation pendant deux ans et demi, si entièrement séparée de tout commerce avec le monde, que quand un étranger venait pour visiter le monastère, je recevais l'ordre de m'enfermer dans ma chambre, qu'il ne m'était pas permis de quitter, jusqu'à ce que la prieure m'eût fait savoir que les visitants avaient quitté la maison. Le général Miollis venait souvent, non seulement pour me visiter dans l'indigne office de geolier, mais pour insulter, avec son rire sardonique et ses insolents discours, à ma triste situation.

Pendant ces derniers mois, ma santé avait souffert si cruellement, que je fus obligée de garder le lit. Les médecins, de même que la supérieure elle-même, adressèrent à Paris des instances pressantes, soutenues des opinions des gens de l'art, pour obtenir, sinon mon élargissement, au moins une liberté suffisante pour faire de l'exercice, mais il n'y fut point répondu; et peut-être rien n'aurait été plus agréable à la cour de France que de me voir mourir dans ces circonstances : la mort d'un individu de la maison de Bourbon étant un sujet de réjouissance et de triomphe; et cette réjouissance, je la leur aurais certainement donnée, si ma cruelle situation eût duré plus long-temps. Mais la Providence, qui veille avec un soin particulier sur l'innocence, ouvrit une voie pour ma délivrance. Par le traité conclu par Murat avec les Alliés, Rome fut occupée par les troupes napolitaines, et je commençai à respirer dans l'attente d'un changement de gouvernement. Miollis toutefois fit tous ses efforts pour fermer mes relations dans le château; et, quant à moi, il me menaça de m'envoyer à Civita-Vecchia, où Dieu sait ce qu'il avait dessein de faire de moi. Cependant, le 14 juillet, très-inopinément sans doute, une forte garde napolitaine vint au couvent, et, le jour suivant, le général Pignatelli me rendit une visite, pour me dire qu'immédiatement après l'arrivée des troupes napolitaines, il avait jugé de son devoir de me mettre une garde d'honneur à ma disposition. Le 17 du même mois, le gouvernement fut changé, et le nouveau gouverneur, M. de la B . . . . . . , vint m'annoncer que j'étais libre. Je lui dis que j'acceptais ma liberté ; mais que je ne m'en servirais que pour prendre l'air et l'exercice, jusqu'à ce que j'eusse arrangé mes affaires ; et que je ferais alors ma résidence dans quelque maison avec mon fils, parce que je ne pouvais me faire à l'idée de vivre sous le même toit avec mes parents, pour plusieurs raisons. Néanmoins le jour suivant, comme j'allais dîner, le général Pignatelli vint me revoir, et sans me permettre de manger, sans faire même quelque attention aux traitements cruels que j'avais éprouvés, et ne s'adressant plus à moi comme à une personne libre, il m'annonça, d'une manière fort dure, que je devais quitter le couvent, et me rendre à la maison de mon père. Rien de ce que je pus dire ne put le toucher ; il persista dans son injonction, d'abord avec une apparence de politesse, mais ensuite avec des menaces de contrainte, ayant, disait-il, des soldats avec lui dans le couvent, pour employer contre moi la force ; de sorte que je fus forcée d'obéir ; et l'on me porta dans une misérable voiture de place à la maison qu'habitaient mes parents. Ma seule consolation vient de ce que j'ai mon fils près de moi : sous tous les autres rapports, je suis toujours victime. Un appartement misérable m'est assigné, la dernière femme-de-chambre est mieux logée que moi. Une seule table doit suffire pour toute la famille ; et quoique, par une faveur spéciale, ma dépense soit défrayée pour un mois, je serai, à la fin de ce mois, privée de cette condescendance, et il me faudra chercher ailleurs de quoi fournir à mon entretien ; mais par quels moyens ?

Aussitôt que j'eus quitté le monastère, je demandai une augmentation de mon traitement, puisqu'il m'était impossible de vivre avec une pension de 25,000 francs. Ayant parlé sur ce sujet à Murat, à son passage dans cette ville, et lui en ayant écrit successivement, il rendit un décret le 6 février, qui portait ma pension à 33,000 francs. Sur cette somme, je commençai par tirer jusqu'à 22,000 francs; mais étant arrivée au dernier tiers, qui aurait fait le complément, on m'informa que le jour d'avant il était arrivé un autre décret, en date du 6 février, par lequel le premier était annullé; qu'il ne m'était plus alloué que 1,000 fr. par mois; et que la modique somme qu'on m'avait avancée sur le dernier tiers, me serait retenue sur les mois de février, mars et une partie d'avril.

Je fus pétrifiée d'étonnement à ce décret, et j'écrivis; j'envoyai même un exprès pour faire des remontrances. Eh bien! douze jours se sont déjà passés, pendant lesquels on l'a gardé à mes dépens, sans me rendre aucune réponse, et je suis ici avec une misérable *pitance* (1), n'ayant plus que quarante jours pour me voir entièrement livrée à mes

(1) Cette expression est dans l'original.

propres ressources, et délaissée de tout le monde.

Telle est mon histoire désastreuse, succinctement racontée, mais dont j'aurais pu faire des volumes. On verra quelles ont été les vicissitudes de ma fortune ; que j'ai été la malheureuse victime des plus noires trahisons, le jouet de ce tyran, qui s'est fait un jeu de nos vies et de nos propriétés, et que je suis même à présent dans une profonde affliction, dégradée et abandonnée. J'espère que l'Angleterre, l'asyle des princes infortunés, ne refusera pas de prendre sous sa protection une mère et une veuve malheureuse, avec deux enfants à sa charge, et tous trois sans aucun soutien, quoiqu'ayant les droits les plus incontestables, comme infants d'Espagne, et comme propriétaires des états de Parme, Plaisance et Guastalla, aussi bien que de l'état d'Étrurie.

J'espère que ce royaume, sous le gouvernement duquel je cherchais un asyle contre des barbares (tentative dont la découverte m'a causé tant de souffrances), sera aujourd'hui notre appui, notre défense, et l'instrument par lequel moi et mes enfants seront rendus à nos possessions légitimes.

F I N.

De l'Imprimerie de C.-F. PATRIS, rue de la Colombe, n° 4, en la Cité.

www.ingramcontent.com/pod-product-compliance
Ingram Content Group UK Ltd.
Pitfield, Milton Keynes, MK11 3LW, UK
UKHW032007260826
14628UKWH00005B/2336

9 782013 365000